Impressum
Verlag: BABADADA GmbH, Nedderfeld 112 , 22529 Hamburg
Geschäftsführer / Verlagsleitung: Harald Hof
Druck: Books on Demand GmbH, In de Tarpen 42, 22848 Norderstedt

Imprint
Publisher: BABADADA GmbH, Nedderfeld 112 , 22529 Hamburg, Germany
Managing Director / Publishing direction: Harald Hof
Print: Books on Demand GmbH, In de Tarpen 42, 22848 Norderstedt, Germany

ښوونځی

مکتب

تقسیم
تقسیم کردن
186/2
بورډ
تخته
صنف درسی
د ښوونځي حویلی
ښوونکی
معلم
ورق
کاغذ
لیکل
نوشتن
قلم
خودکار
ډیسک
میز کار
خط کش
خط کش
کتاب
کتاب
زده کونکی
شاگرد

کڅوړه

بیگ مکتب

د پنسل بکسه

قلم دانی

پنسل

پنسل

پنسل تراش

پنسل تراش

ربړ

پنسل پاک

د رسامۍ پاڼه

کتابچه رسم

2

مکتب - ښوونځی

د نقاشۍ بکس

بکسک رنگه

د نقاشۍ برس

برس رنگ زنی

رسامي

نقاشی

د تمرین کتاب

کتاب تمرین

سرېښ

سریش

قیچي

قیچی

جمع

جمع کردن

شمیر

عدد

کورنۍ دنده

کار خانگی

حساب

حساب کردن

ضرب

ضرب کردن

منفي

تفریق کردن

hello

کلمه

کلمه

ABCDEFG
HIJKLMN
OPQRSTU
VWXYZ

الفبا

الفبا

A

توری

حرف

تباشیر

تباشیر

لوستل

خواندن

متن

متن

ازموینه

امتحان

راجستر

ثبت نام

درس

درس

تعلیم

تحصیل

د ښوونځي یونیفارم

یونیفورم مکتب

تصدیق پاڼه

تصدیقنامه

مایکروسکوپ

مایکروسکوپ

پوهنتون

پوهنتون

دایره المعارف

دانشنامه

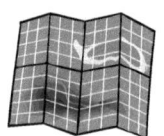

اشغالدانی

سبد کاغذ باطله

نقشه

نقشه

سفر

سفر

هوتل
ليليه
ليليه
د اسعارو د تبادلې دفتر
دفتر صرافی
بکس
بیگ سفری
موټر
موتر

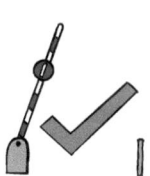

سمه ده

بسیار خوب

هو/نه

بلی / نخیر

ژبه

زبان

مننه

تشکر از شما

ژباړونکی

مترجم

سلام

سلام

ستونزه
....
مشکل

زه نه پوهیږم
....
نمی فهمم

څومره دي...؟
....
قیمتش چقدر است؟

شپه په خیر!
....
شب بخیر!

سهار په خیر!
....
صبح بخیر!

ماښام مو پخیر!
....
عصر بخیر! / شب بخیر!

سامان
....
بار مسافر

لارښود
....
مسیر

په مخه مو ښه
....
خداحافظ

میلمه
....
مهمان

شاتنی بکس
....
بیگ پشتکی

بیک
....
بیگ

خیمه
....
خیمه

د خوب کڅوړه
....
بستره خواب سیار

خونه
....
اطاق

کریډیټ کارت

....

کریدیت کارت

ساحل

....

ساحل

د توریزم معلومات

....

معلومات توریستی

د شپې خواړه

....

غذای شام

د غرمې خواړه

....

طعام چاشت

ناری

....

صبحانه

مهر

....

مهر

لفټ

....

لفت

ټیکټ

....

تکت

سفارت

....

سفارتخانه

ګمرک

....

گمرک

پوله

....

مرز

پاسپورټ

....

پاسپورت

ویزه

....

ویزه

ټرانسپورټ

حمل و نقل

الوتکه
طیاره
بیړۍ
کشتی
د اور ماشین
موټر اطفاییه
بس
بس
ټرک
لاری
موټرکښتۍ
قایق موتوری
بایسکل
موټر
موتر

کښتۍ

کشتی

کښتۍ

قایق

موټرسایکل

موترسایکل

د پولیسو موټر

موتر پولیس

د ریس موټر

موتر مسابقه

کرایي موټر

موتر کرایی

ريفيوز ټرک

موتر حمل زباله

جرثقيل لرونکی ټرک

جرثقيل

د کرايه موټري

اشتراک وسايط

پټرول سټيشن

تانک تيل

سونګ توکي

تيل

موټر

موتور

جام ترافيک

راهبندان

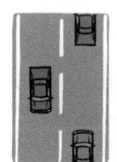

ترافيک

عبور و مرور

ترافيکي نښه

علامت ترافيکی

پاټکي

خط ريل

د ريل سټيشن

ايستگاه ريل

د موټرو تمځای

پارک وسايط

واګون

واگن

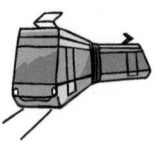

ټرام

ريل برقی

ريل

ريل

برج

برج

هوايي ډګر

میدان هوایی

چورلکه

هلیکوپتر

کارتون

کارتن

کانټېنر

کانتینر

مسافر

مسافر

الوتنه کول/کښېناستل

پرواز کردن / فرود آمدن

ټوکرۍ

سبد

کارت

گادی

ښار

شهر

کور

خانه

د ښار مرکز

تیاتر شهر

کلی

قریه

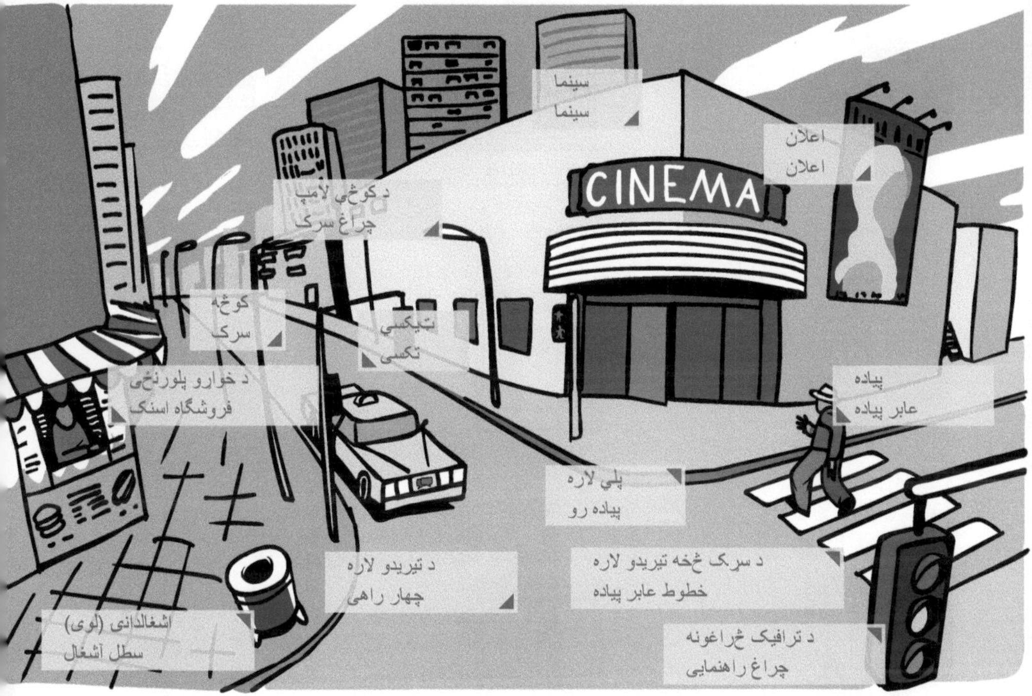

سینما
سینما
اعلان
اعلان
د کوڅې لامپ
چراغ سرک
کوڅه
سرک
تکسی
د خوارو پلورنځی
فروشگاه اسنک
پیاده
عابر پیاده
پلي لاره
پیاده رو
د تیریدو لاره
چهار راهی
د سړک څخه تیریدو لاره
خطوط عابر پیاده
اشغالدانی (لوی)
سطل آشغال
د ترافیک څراغونه
چراغ راهنمایی

کودله

کلبه

اپارتمان

آپارتمان

د ریل سټیشن

ایستگاه ریل

ټاون هال

تالار شهر

میوزیم

موزیم

ښوونځی

مکتب

پوهنتون

پوهنتون

بانک

بانک

روغتون

شفاخانه

هوټل

هوتل

درملتون

دواخانه

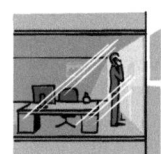

دفتر

دفتر

کتاب پلورنځی

کتابفروشی

پلورنځی

مغازه

د ګلانو پلورنځی

گل فروشی

لوی پلورنځی

سوپر مارکیت

مارکیټ

فروشگاه

د ډیپارټمنټ سټور

فروشگاه

کب پلورنځی

ماهی فروشی

د پلور مرکز

مرکز خرید

لنګرتون

بندر

پل
....
پل

بینچ
....
دراز چوکی

پارک
....
پارک

تونل
....
تونل

د ځمکې لاندې
....
مترو

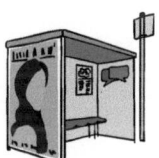

زینه
....
زینه ها

ریسټورانټ
....
رستورانت

بار
....
میخانه

بس تمځای
....
ایستگاه بس

د پارک کولو میټر
....
ماشین پارکو متر

د کوڅې نښه
....
علامت سرک

پوست بکس
....
صندوق پست

مسجد
....
مسجد

د لامبو حوض
....
حوض آببازی

ژوبڼ
....
باغ وحش

هدیره

قبرستان

ناپاکي

آلوده گی

کرونده

مزرعه

معبد/کلیسا

معبد

د لوبو ډګر

میدان بازی

چرچ

کلیسا

منظره

چشم انداز

پاڼه
برگ
د لارښووني نښه
لوحه
لاره
راه
چمن
علفزار
کاڼي
سنگ
ونه
درخت
هیکر
کوهنورد
سیند
دریا
واښه
علف
ګل
گل

ناور
....
دریاچه

غونډۍ
....
تپه

دره
....
دره

اورشیندی
....
آتشفشان

دشته
....
صحرا

ځنګل
....
جنگل

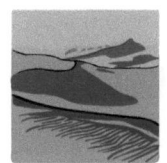

مرخیړي
....
سمارق

رنګین کمان
....
رنگین کمان

کلا
....
قلعه

الوتل
....
مگس

ماشي
....
پشه

پلم ونه
....
درخت آلو

غونډل/جولا
....
عنکبوت

مچۍ
....
زنبور

میږی
....
مورچه

نولی

موش خرما

چونګښه

بقه

ګونګټ

قانغوزک

ګونګ

بوم

سوی

خرگوش صحرایی

زیږکی

خارپشت

نرخوک

خوک وحشی

قازه

مرغابی

مرغۍ

پرنده

بند

بند آب

ګاوزه

گوزن شمالی

هوسۍ

گوزن

اقلیم

آب و هوا

سولر تختي

صفحه خورشیدی

بادي توربین

توربین بادی

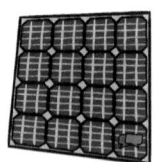

پیشخدمت
پیشخدمت
مینو
مینوی غذا
چوکی
سوپ
سوپ
پيزا
پیتزا
بڼاخۍ، چاقو، کاشوغه
قاشق و پنجه و کارد
روی میزی

ستارټر

پیش غذا

اصلي خواړه

غذای اصلی

شيرني

شرینی

څښاک

نوشیدنی ها

خواړه

غذا

بوتل

بوتل

چای جوش

....

چاینک/ترموز

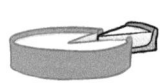

د کوڅې خواړه

....

غذای کنار سرک

فاسټ فوډ

....

فاست فود

اسپرسو مشین

....

دستگاه اسپرسو

برخه

....

بخش غذا

قندانی

....

قندانی

مجمه

....

پطنوس

رسید

....

بل

لوړه چوکی

....

چوکی بلند

قاشق

....

قاشق

پنجه

....

پنجه

چاکو

....

چاقو

ګلاس

....

گیلاس

سورویت

....

دستپاک دسترخوان یا میز

چای قاشق

....

قاشق چای خوری

نالبکۍ

نعلبکی

د سوپ پلېټ

بشقاب سوپ

پلېټ

بشقاب

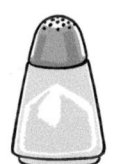

د مرچ ټکولو لوخی

آسیاب مرچ

مالګه شیندونکی

نمکدان

ساس

چټنی

مساله

ادویه

غوړي

روغن خوراکی

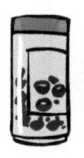

سرکه

سرکه

چکه

مایونز

شړشم

ساس خردل

کچ اپ

کچاپ

لوی پلورنځی

سوپر مارکیت

پیشنهاد خاص
FOR
پیرودونکی
مشتری
لبنیات
لبنیات
میوه
میوه
چرخ دستی

قصابي

قصابی

نانوایی

نانوایی

وزن کول

وزن کردن

سبزیجات

سبزیجات

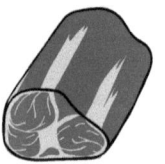

غوښه

گوشت

کنګل خواړه

غذای منجمد

د مينځلو پوډر

پودر رختشویی

کنسروا خواړه

غذای کنسر شده

يخه غوښه

غذای سرد

د پاکولو محصولات

محصولات پاک کننده

کورني توليدات

لوازم خانگی

شيريني

شیرینی

صراف

صندوقدار

د نغدي راجستر

دخل پیسه

د پلور فرد

فروشنده

بټوه

بکسک جیبی

کاري ساعتونه

ساعات کاری

د پيرود ليست

لست خرید

پلاستيک کڅوړه

بیگ پلاستیکی

کڅوړه

بیگ

کريديټ کارټ

کریدیت کارت

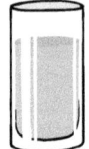

نوشیدنی ها

شیده

شیر

جوس

جوس

اوبه

آب

بیر

بیر

واین

شراب

کوک

نوشابه

چای

چای

ککاو

ککو

الکول

الکول

کپچینو

کاپوچینو

اسپرسو

اسپرسو

کافي

قهوه

نارنج

مالته

مڼه

سیب

کیله

کیله

ګازره

زردگ

لیمو

لیمو

هندواڼه

تربوز

پیاز

پیاز

بانکس

چوب خیزران

هوږه

سیر

آش

آش

چغزی

مغزیات

مرخیړي

سمارق

سلاد

سلاد

وريجي

برنج

سپيګټي

مکرونی

پيزا

پیتزا

سره کړي کچالو

کچالو سرخ کرده

چپس

چیپس

کتره

کتلت

ساندويچ

ساندویچ

همبرګر

همبرگر

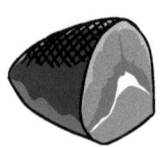

ساسچ

ساسچ

سلمي

سالامی

د پتون غوښه

همبرگر

کب

ماهی

روسټ

کباب

چرګ

مرغ

د جوار پلی

....

کورن فلکس

موسلي

....

صبحانه رژیمی

د وربشي شيرني

....

فرنی جو

د ډوډۍ رول

....

قرص نان

کروسانت

....

کروسانت

اوړه

....

آرد

بسکیټ

....

بیسکیت

ټوسټ

....

توست / نان بریان

ډوډۍ

....

نان خشک

کیک

....

کیک

چکه

....

چکه

کوچ

....

مسکه

پنیر

....

پنیر

پښې هګۍ

....

تخم مرغ سرخ شده

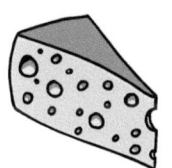

هګۍ

....

تخم مرغ

شهد
....
عسل

بوره
....
شکر

آیس کریم
....
آیسکریم

کورکمان
....
زردچوبه هندی

نوګـاټ کریم
....
مسکه چاکلیت

مربا
....
مربا

کرونده

مزرعه

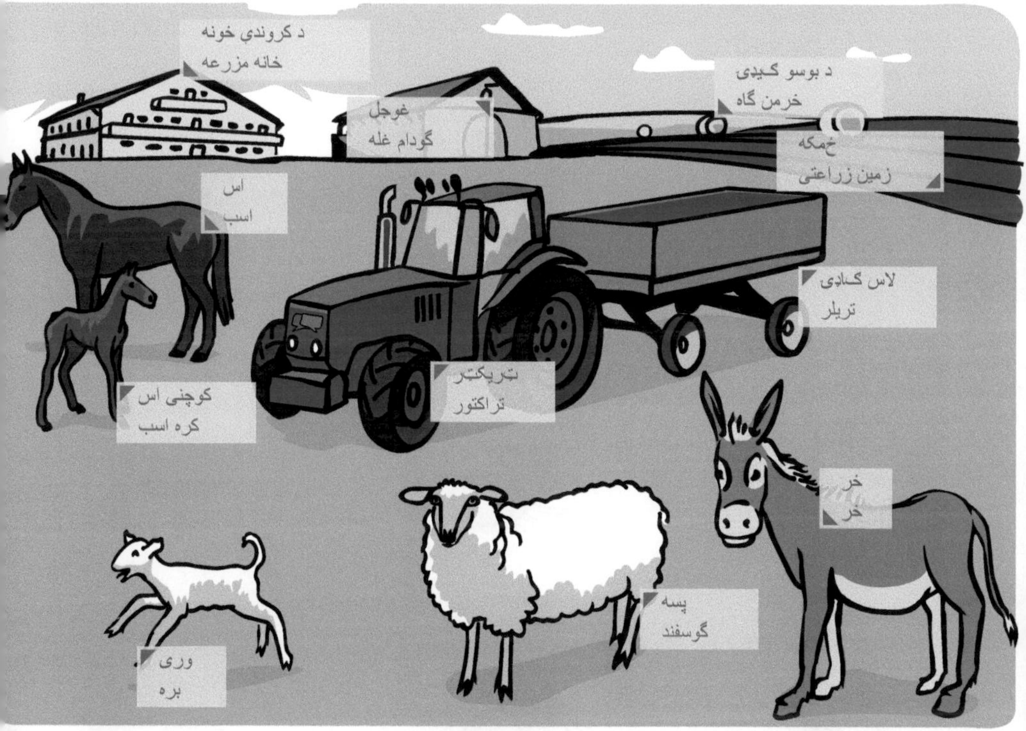
د کروندې خونه
خانه مزرعه
غوجل
گودام غله
د بوسو گیدۍ
خرمن گاه
ځمکه
زمین زراعتی
اس
اسب
لاس گاډی
تریلر
کوچنی اس
کره اسب
تریکتر
تراکتور
خر
خر
پسه
گوسفند
وری
بره

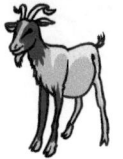

وزه
....
بز

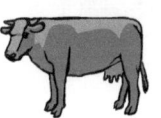

غوا
....
گاو

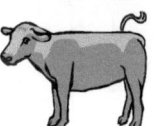

خوسکی
....
گوساله

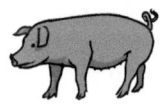

خوگ
....
خوک

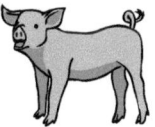

د خوگ بچی
....
خوکچه

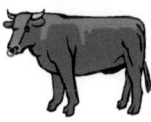

غویی
....
گاو نر

چرگوری

چوچه مرغ

هیلی

مرغابی

بته

قاز

سارای موږک

موش صحرایی

بانگي

خروس

چرگه

مرغ

غویی

گاومیش

موږک

موش

پیشک

پیشک

د باغ هوز

خانه باغ

د سپي خونه

خانه سگ

سپی

سگ

یوی

قولبه کردن

لور (داس)

داس

د اوبو لوخی

آبپاش

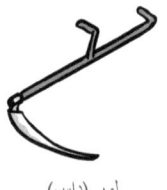

بښاخې
....
چنگال باغبانی

رمبی
....
کج بیل

لور
....
داس

ناوه
....
تغار

کراچۍ
....
کراچی

تبر
....
تبر

کټاره
....
دیوار مرزی از چوب یا سیم خار دار

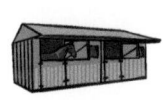

جوال
....
بوجی

د شیدو لوخی
....
قوطی شیر

خاوره
....
خاک

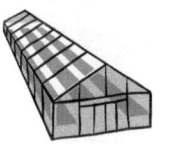

شنه خونه
....
گلخانه

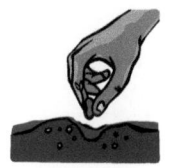

مضبوط
....
پایدار

کـډ ریبونکی ماشین
....
ماشین درو وخرمنکوبی

سره/کود
....
کود

تخم
....
تخم

خواږه کچالو

....

کچالو شرین

درمند

....

درو

زیرمه کول

....

درو کردن

کچالو

....

کچالو

سویا

....

سویا

غنم

....

گندم

د میوې ونه

....

درخت میوه

نباتي تخم

....

کلزا

جوار

....

جواری

غله

....

غلات و حبوبات

مانیوک

....

مانیوک

درخه
دودکش

بام
پشت بام

ناودان
آب رو

کړکی
کلکین

گراج
گراج

د دروازي زنګ
زنگ دروازه

دروازه
دروازه

اشغالدانی
سطل زباله

د لیک بکس
صندوق نامه

باغ
باغچه

د اوسیدو خونه

اطاق نشیمن

حمام

حمام / دستشویی

پخلنځی

آشپزخانه

د ویده کیدو خونه

اطاق خواب

د ماشوم خونه

اطاق اطفال

د خوارو خونه

اطاق پذیرایی

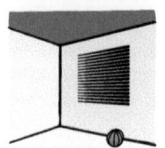

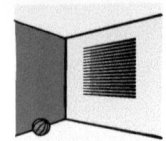

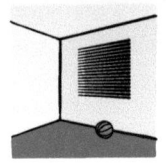

چت

سقف

دیوال

دیوار

فرش

کف زمین

بالکوني

بالکن

سونا

سونا

زیرخانه

گودام زیر زمینی

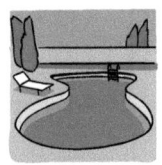

د چمن وهلو ماشین

ماشین درو کردن چمن

حوض

حوض

ټراس

برنده / بالکن

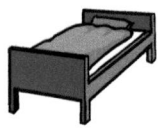

تخت

تختخواب

روجایی

روجایی

شیټ

ورق کاغذ

سویچ

سویچ

بوکه

سطل

جارو

جارو

اطاق نشیمن

والپیپر
کاغذ دیواری
عکس
تصویر
لامپ
چراغ
شیلف
قفسه
الماری
کابینت
تلویزیون
تلویزیون
نغری
بخاری دیواری
ګل
گل
بالښت
بالشت
صوفه
کوچ
ګلدانۍ
گلدان
ریموټ کنټرول
ریموت کنترول

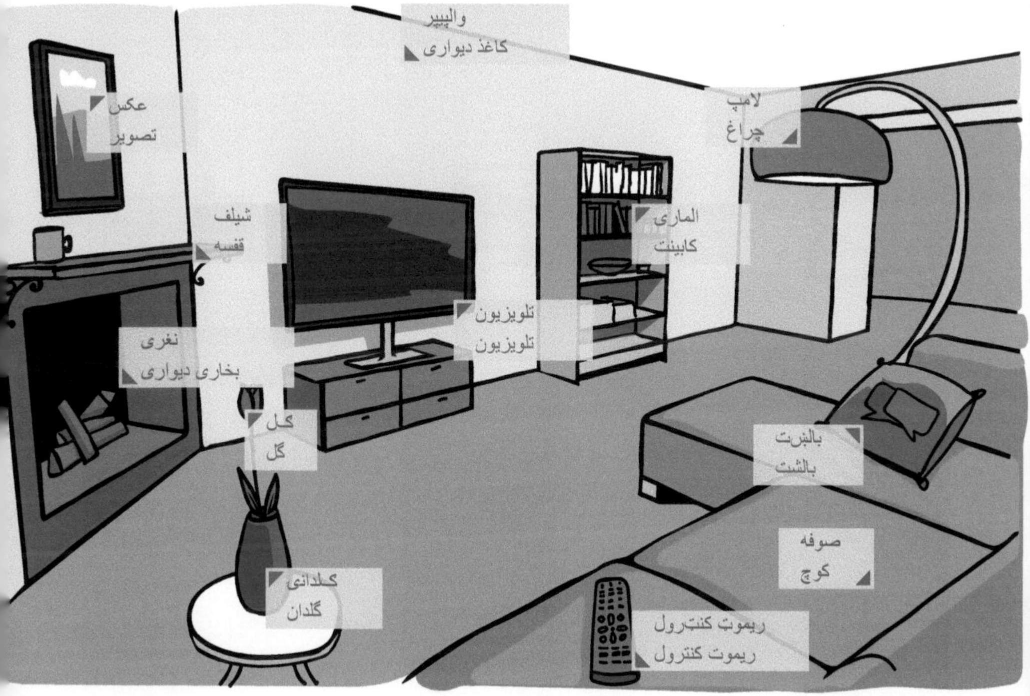

غالی

فرش

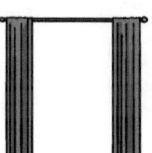

پرده

پرده

میز

میز

چوکۍ

چوکی

تاویدونکې چوکۍ

چوکی گهواره یی

بازو لرونکې چوکۍ

چوکی دسته دار

کتاب
....
کتاب

کمپل
....
کمپل

دیکوریشن
....
دکوراسیون

د اور لرګي
....
هیزم

فلم
....
فلم

هایفای
....
سیستم های فای

کلی
....
کلید

ورځپاڼه
....
روزنامه

نقاشي
....
تابلوی نقاشی

پوستر
....
پوستر

رادیو
....
رادیو

کتابچه
....
دفتر

واکیوم جارو
....
جاروبرقی

کاکتوس
....
کاکتوس

شمع
....
شمع

پخلنځی
آشپزخانه

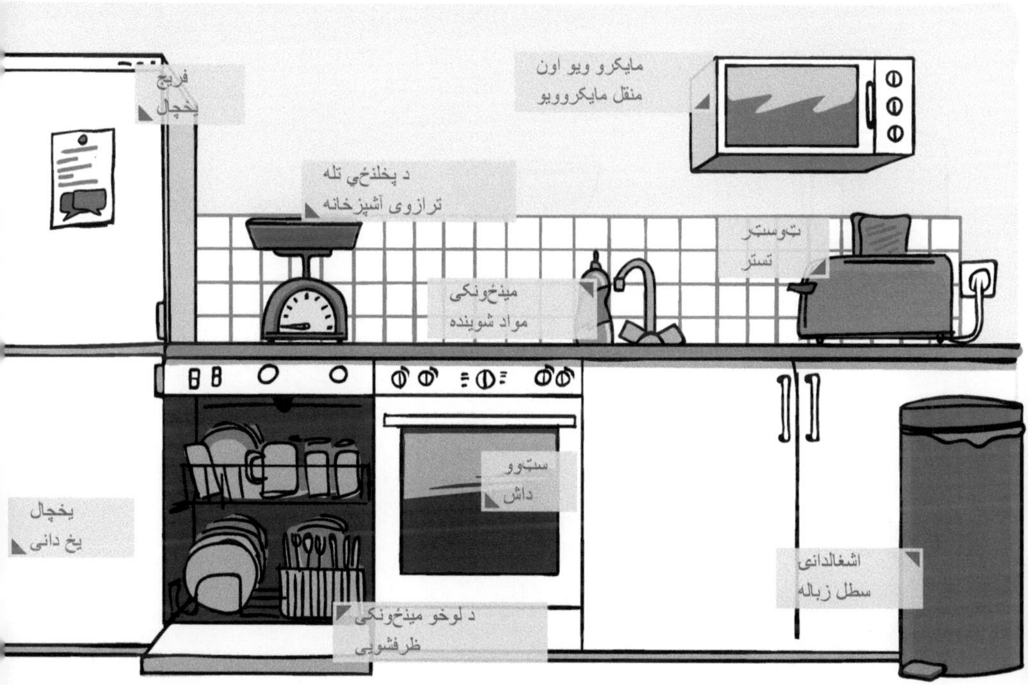

فریج
یخچال
مایکرو ویو اون
منقل مایکروویو
د پخلنځي تله
ترازوی آشپزخانه
توستر
تستر
مینځونکی
مواد شوینده
ستوو
داش
یخچال
یخ دانی
اشغالدانی
سطل زباله
د لوخو مینځونکی
ظرفشویی

دیگ بخار

منقل

لوخی

دیگ

چدني لوخی

دیگ چدنی

ووک

کراهی

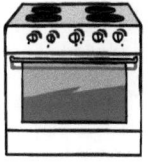

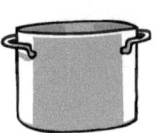

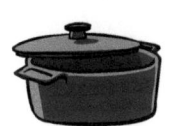

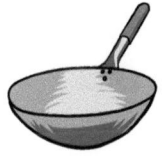

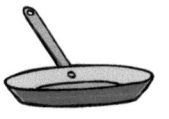

د تلي په

تابه

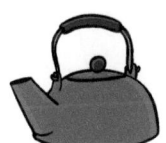

چای جوش

چای جوش

لوخي

ظروف

پتنوس

پطنوس طباخی

د بخار دیګ

بخارپز

د رانیولو اوزار

چاپستیک ها

کاسه

کاسه

مګ

پیاله کلان

پاکونکی

مخلوط کننده

کفګیر

کفگیر

څمڅی

ملاقه

ګریټر

رنده

غلبیل

غلبیل

صافي

چلو صاف

خلاص اور

آتش باز

بار بي کيو

بار بیکیو

اونګ

هاونگ

کارک سکریو

سر بازکن

هوارونکی

آشگز

تخته

تخته برش

د لوخي ټوټه

دستگیره تکه ای

د ټیم خلاصونکی

سر باز کن

ټیم

قوطی

سپنج

اسفنج

برس

برس ظرف شویی

ظرف شوی

ظرف شویی

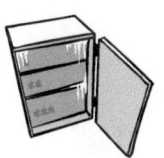

د ماشوم بوتل

شیر چوشک اطفال

ژور یخچال

فریزر

بلیندر

مخلوط کن

نل

نل آب

حمام / دستشویی

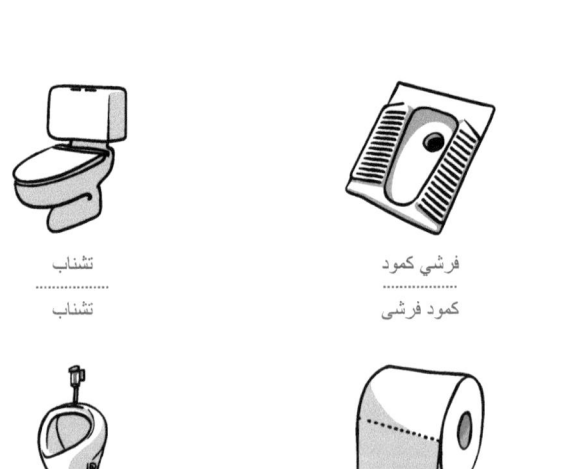

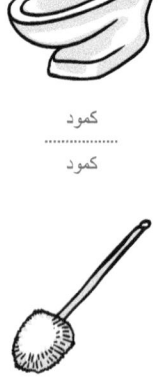

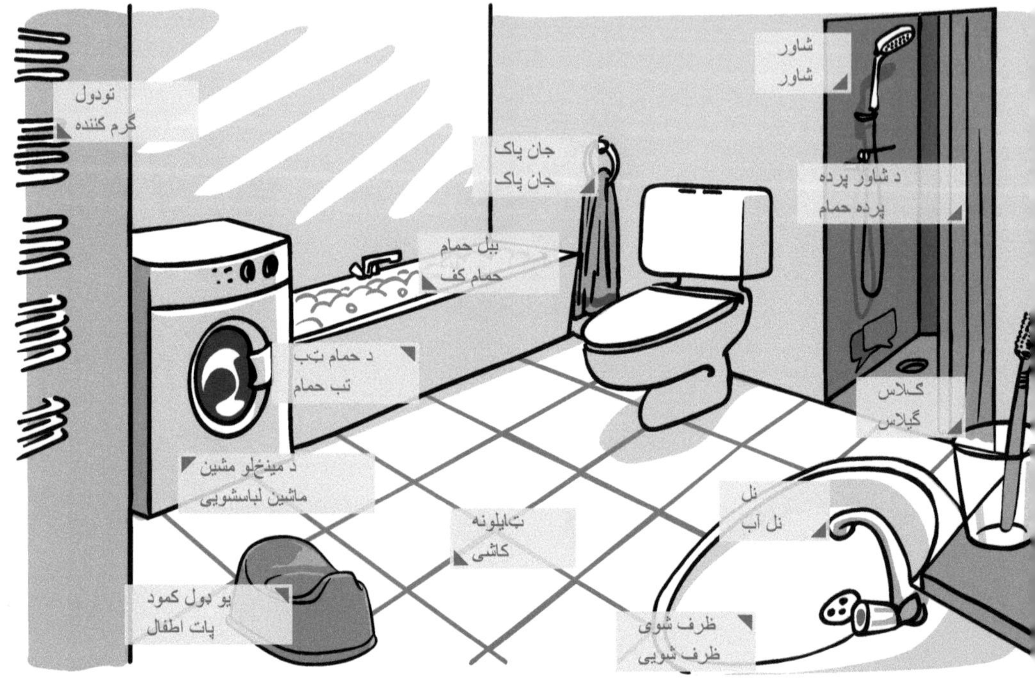
تودول
گرم کننده
جان پاک
جان پاک
شاور
شاور
د شاور پرده
پرده حمام
ببل حمام
حمام کف
د حمام ټب
تب حمام
د مینځلو مشین
ماشین لباسشویی
ټایلونه
کاشی
نل
نل آب
ګلاس
گیلاس
يو ډول کمود
پات اطفال
ظرف شوی
ظرف شویی

کمود

کمود

فرشي کمود

کمود فرشی

تشناب

تشناب

د تشناب برس

برس کمود

تشناب کاغذ

کاغذ تشناب

د متیازو ځای

تشناب مرد ها

د غاښونو نخ

نخ دندان

د غاښونو کریم

کریم دندان

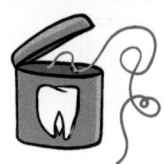

د غاښونو برس

برس دندان

دوش

شاور کمود

لاسي شاور

شاور دستی

مینځل

شستن

صابون

صابون

د شا برس

برس پشت

خانک

دستشویی

فلانل جامه

لیف

شامپو

شامپو

د شاور ژل

جل حمام

سپری

بوزدا

کریم

کریم

وچول

آب رو

ريزر

ریش تراش

لاسي آينه

آینه دستی

آينه

آینه

ګمنځ

شانه موی

د خريلو وروسته

کلونیا

د خريلو فوم

کف ریش تراشی

د ويښتانو سپرې

اسپری مو

د ويښتانو وچونکی

سشوار

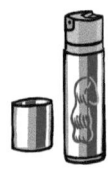

برس

برس

د نوکانو پالش

رنگ ناخن

ليپ سټيک

لب سرین

ميک اپ

آرایش

عطر

عطر

ناخن ګير

ناخن گیر

کاټن ورى

پشم پنبه

د وزن کولو تله

ترازوی وزن

سټول

چوکی چار پایه

د مینځلو کڅوړه

کیسه شستشو

ټامپون

تامپون

د ربړ دستکش

دستکش پلاستیکی

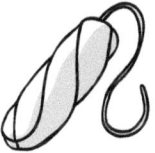

د حمام پوښاک

جان پاک

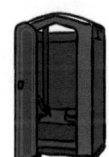

کیمیکل تشناب

تشناب سیار

صحیی جان پاک

گوتکس

د ماشوم خونه

اطاق اطفال

د الارم ساعت
ساعت زنگ دار
د لوبو وسایل
گدی های نرم
د نانځکي موټر
موتر سامان بازی
ریټل
جرنگانه
د نانځکو خونه
خانه گدی
هدیه

بالون
....
پوقانه

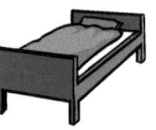

تخت
....
تختخواب

کالسکه
....
ریکشه اطفال

د لوبو ورقي
....
قطعه بازی

جیګسا
....
پازل

مسخره
....
خنده آور

لیگو بریک

خشت های لگو

د نانځکو بلاک

بلوک های سامان بازی

د اکشن فیگور

پچه فلم

د ماشوم پوښاک

لباس طفل

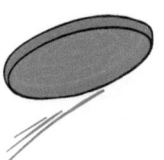

فریزبي

فریزبی

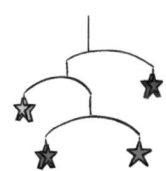

موبایل

سامان بازی که روی تخت خواب اطفال اویزان می شود

بورد لوبه

بازی تخته یی

تاس

تاس

مادل ریل سیت

ریل اسباب بازی

ګونګشی

چوشک

پارټي

مهمانی

د عکسونو البوم

کتاب تصویری

بال

توپ

نانځکه

گدیگک

لوبیدل

بازی کردن

نانځکي

اسباب بازی

سوینګ

گاز

د شګو کنده

جعبه ریگ

ګوډکه

خرس سامان بازی

ټرای سایکل

سه چرخه

د ویډیو لوبو کنسول

کنسول بازی کمپیوتری

د کالو الماری

الماری لباس

پوښاک

لباس

ټایټس

برجس

لوړې جرابې

جوراب دراز

جرابې

جوراب

ټي شرټ
بلوز

چتری
چتری

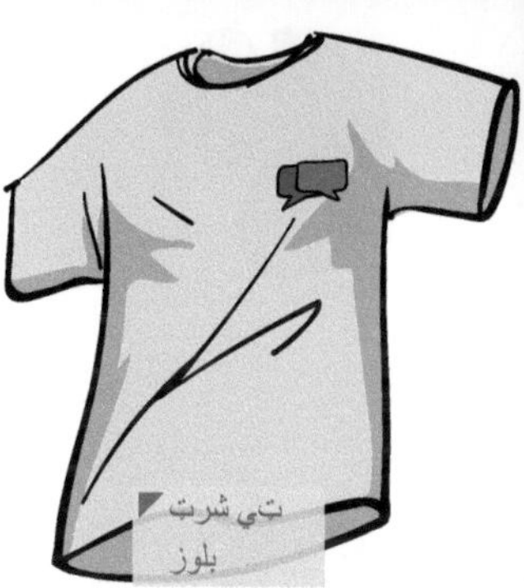

زروکی
چادر سر

کمربند
کمربند

سلیپر
چپلک

بوت

سنیکر
کرمچ

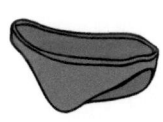

د ربړ بوټان
....
موزه پلاستیکی

بوټان
....
بوت

سینډل
....
چپلی

واسکټ
....
واسکت

سینه بند
....
واسکت زنانه

زیرنیکري
....
نیکر

جینز
پتلون کاوبای

پتلون
برزو

بادي
بدن

شرټ
پیراهن

بلاوز
بلوز

لمن
دامن

بلیزر
جاکت

سویټر
جاکت کلاه دار

بنیان
یالان

د باران کوټ
کوت بارانی

کوټ
کورتی

جاکټ
چمپر

د واده پوښاک
لباس عروسی

کالي
پیراهن

پوښاک
لباس مخصوص مراسم

پاجامه

....

پاجامه

د شپې پوښاک

....

لباس خواب

دریشي

....

دریشی

پټکی

....

لنگی

لوپټه

....

چادر سر

ساړي

....

ساری

عبا

....

چادر

کفتن

....

کفتان

برقه

....

چادری

شارټ

....

پتلون نصفه

نیکر

....

نیکر پاچه دار

د لامبو پوښاک

....

لباس آببازی

دستکش

....

دستکش

پیش بند

....

پیش بند

د ځغاستي پوښاک

....

لباس ورزشی

لاس بند

دستبند

عینک

عینک

بټن

دکمه

غوږوالۍ

گوشواره

گوتمه

انگشتر

غاړه کۍ

گردن بند

خولۍ

کلاه

کوټ بند

کوت بند

خولۍ

کلاه پیک دار

هیلمټ

کلاه مصون

ځنځیر

زیپ

ټایی

نیکتایی

یونیفارم

یونیفورم

د ښوونځي یونیفارم

یونیفورم مکتب

ترونکۍ

بند تنبان

نیپي
....
پمپر

گـونـګـشی
....
چوشـک

بیب
....
پیش بند

دفتر

دفتر

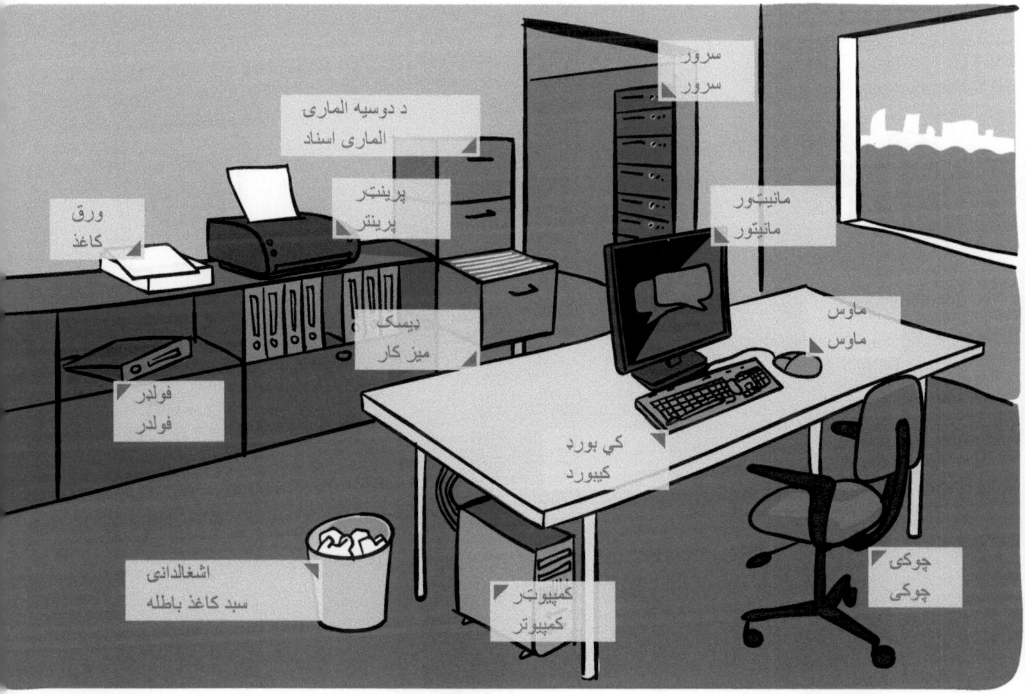

سرور
سرور
د دوسیه الماری
الماری اسناد
پرینټر
پرینتر
ورق
کاغذ
مانیټور
مانیتور
ماوس
ماوس
دیسک
میز کار
فولدر
کي بورډ
کیبورد
اشغالدانی
سبد کاغذ باطله
کمپیوټر
کمپیوتر
چوکی
چوکی

انټرنیټ
....
اینترنت

کالکولیټر
....
ماشین حساب

د کافي پیاله
....
گیلاس قهوه

پیغام

....

پیام

لیک

....

نامه

لپ ټاپ

....

لپ تاپ

فوټوکاپیر

....

ماشین فوتوکاپی

نیټورک

....

شبکه

موبایل

....

موبایل

پلک ساکټ

....

پلک

ټلیفون

....

تلیفون

سافټویر

....

نرم افزار

سند

....

سند

فارم

....

فورمه

فکس مشین

....

دستگاه فکس

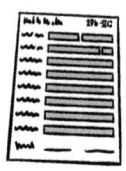

اقتصاد

سوداګري کول

تجارت کردن

تادیه کول

پرداختن

پیرل

خرید کردن

یورو

یورو

ډالر

دالر

پیسې

پول

سویسي فرانک

فرانک سوئیس

ربل

روبل

ین

ین

د نغدي پیسو ځای

خودپرداز

روپۍ

روپیه

رینمینبي یوان

یوان رنمینبی

سپین زر

نقره

سره زر

طلا

د اسعارو د تبادلي دفتر

دفتر صرافی

نرخ

قیمت

انرژي

انرژی

تیل

نفت

اسهام

سهام

مالیه

مالیات

قرارداد

قرارداد

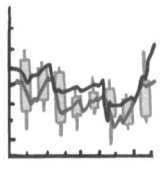

کار ګومارونکی

استخدام کننده

کارمند

کارمند

کار کول

کار کردن

پلورنځی

مغازه

فابریکه

فابریکه

مسلکونه
شغل ها

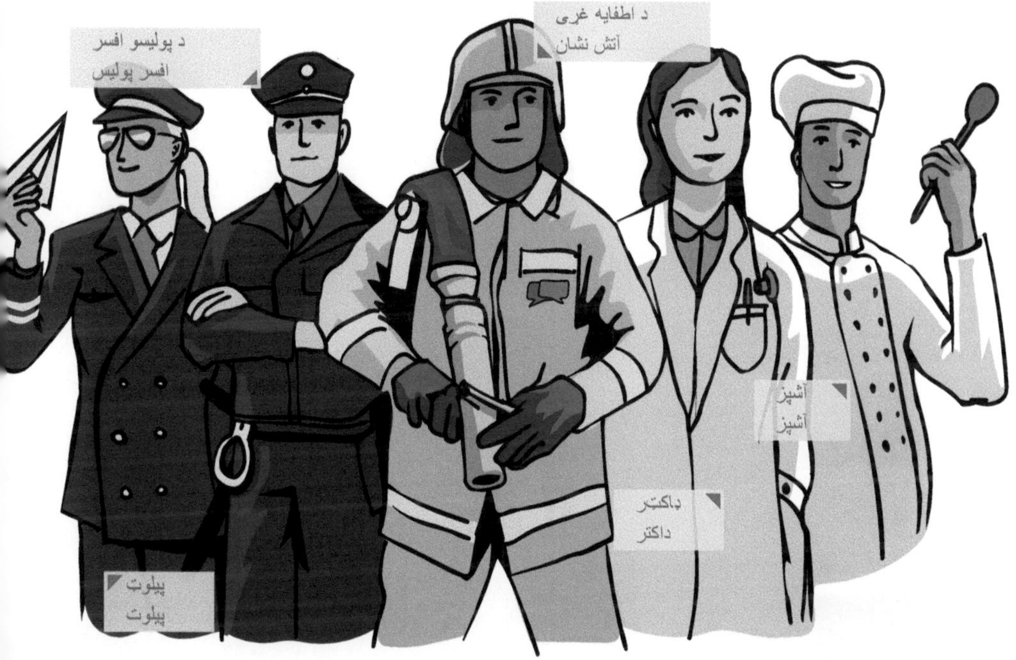

د پولیسو افسر
افسر پولیس
د اطفایه غری
آتش نشان
آشپز
آشپز
داکتر
داکتر
پیلوت
پیلوت

خیاط

خیاط

نجار

نجار

باغوان

باغبان

د فلم لوبغاری

بازیگر

کیمیا پوه

کیمیا دان

قاضي

قاضی

کب نیونکی

ماهیگیر

د ټیکسي ډرایور

راننده تکسی

د بس ډرایور

راننده بس

پیشخدمت

پیشخدمت

بام جوړونکی

سقف ساز

خدمه

خدمه

نانوا

نانوا

نقاش

نقاش

ښکاري

شکارچی

انجنیر

انجنیر

تعمیر جوړونکی

بنا

د برښنا کارکونکی

برقی

پوست رسونکی

پستچی

نلدوان

نلدوان

قصاب

قصاب

سرتېری

سرباز

مهندس

معمار

صرّاف

صندوقدار

مالیار

گل فروش

نایی

آرایشگر

کلیندر

مامور تکت ریل

میکانیک

میخانیک

کپتان

کاپیتان

د غاښونو ډاکټر

داکتر دندان

ساینس پوه

دانشمند

ښاغلی

خاخام/ عالم یهودی

امام

امام

مذهبي نفر

راهب

پادري

ملا

لوازم

ابزار

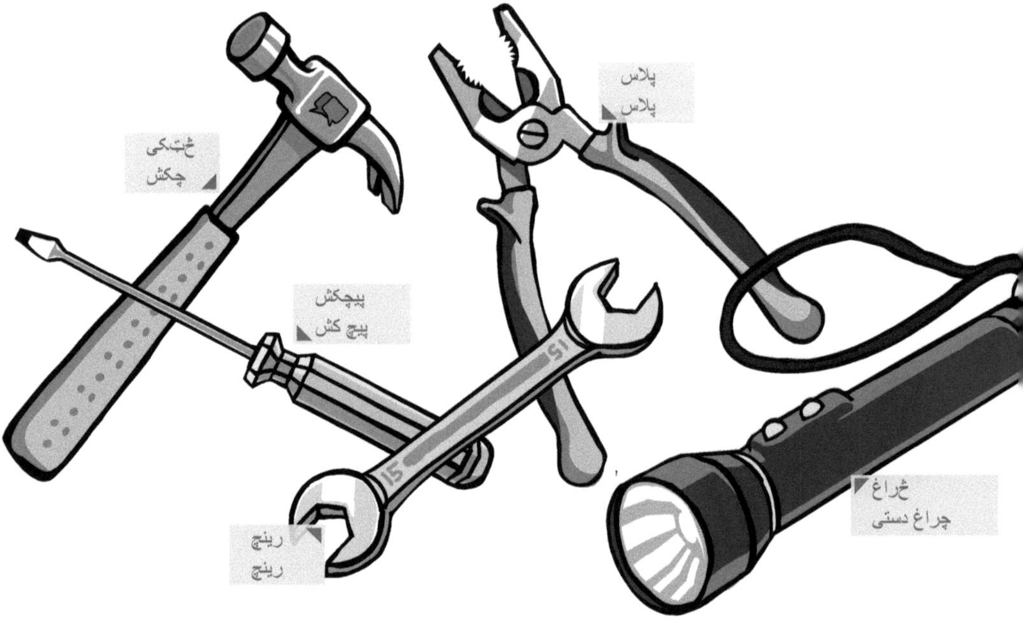
ځټکی
چکش
پلاس
پلاس
پیچکش
پیچ کش
رینچ
رینچ
څراغ
چراغ دستی

زینه

زینه

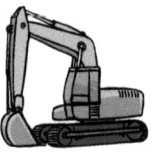

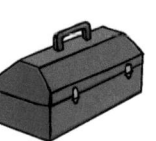

د لوازمو بکس

جعبه ابزار

کنستونکی

ماشین حفاری

برمه

برمه

میخونه

میخ

اره

اره

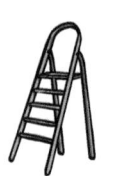

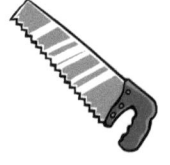

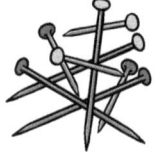

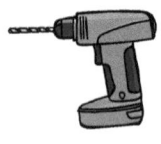

لعنت!

لعنتی!

بیل

بیل

ترمیم کول

ترمیم کردن

پیچونه

پیچ

مشواڼۍ

سطل رنگ

خاک انداز

خاکروبه

د میوزیک آلات

آلات موسیقی

لاود سپیکر
بلندګو
گیتار
ډرم سیټ
درام کیت
ټرومپیټ
ترومپت
کنټرباس
کنترباس

باس

گیتار بیس

وایلن

وایلن

پیانو

پیانو

کي بورډ

پیانوی برقی

ډرمونه

دول

نغاره

دهل

مایکروفون

میکروفون

شپېلۍ

توله

سیکسافون

ساکسوفون

ژوبڼ

باغ وحش

ننوتو لاره
ورودی
ببر
پنجره
قفس
ګوره خر
گوره خر
د ژويو خواره
غذای حیوانات
پاندا
پاندا

ژوی

حیوانات

هاتي

فیل

کنګرو

کانگورو

د اوبو اسپ

غژ گاو

ګوریلا

گوریلا

ايږه

خرس

زمری

شیر

شترمرغ

شترمرغ

اوبښ

شتر

طوطي

طوطی

غزی

فلامینگو

بیزو

میمون

شارک

کوسه

پینګوین

پنگوئن

قطبي ایږه

خرس قطبی

تمساح

تمسا

مار

مار

طاوس

طاووس

جګوار

پلنگ خالدار امریکایی

سیل

سگ آبی

ژوبڼ ساتونکی

نگهبان باغ وحش

هیپو

اسب آبی

پړانګ

پلنگ

یابو

اسب کوچک

نرخوګ

خوک وحشی

باز

عقاب

زرافه

زرافه

سمندري نولی

شیر دریایی

شمشتی

سنگ پشت

کب

ماهی

هوسۍ

غزال

ګیدړه

روباه

فوتبال امریکایی
امریکایی فټبال

بایسکل سواری
سایکل خغلول

تنیس
ټینس

باسکتبال
باسکیتبال

آب بازی
لامبو

هاکی روی یخ
د کنګل هاکي

بوکس
باکسینګ

فوتبال
فټبال
....

بدمینتون
کسیزه
....

ورزشکاری
د خُغاستي لوبي
....

هندبال
د هندبال
....

اسکی
سکي
....

پولو
پولو
....

فعالیتونه

فعالیت ها

ټوپ وهل
خیز زدن
غاړه ورکول
بغل کردن
خندل
خندیدن
ګرځېدل
راه رفتن
سندرې ویل
خواندن
خوب لیدل
خواب دیدن
عبادت کول
دعا کردن
مچو کول
بوسیدن

ښودل

نشان دادن

کښل

کشیدن

لیکل

نوشتن

اخیستل

گرفتن

ورکول

دادن

ټیله کول

تیله کردن

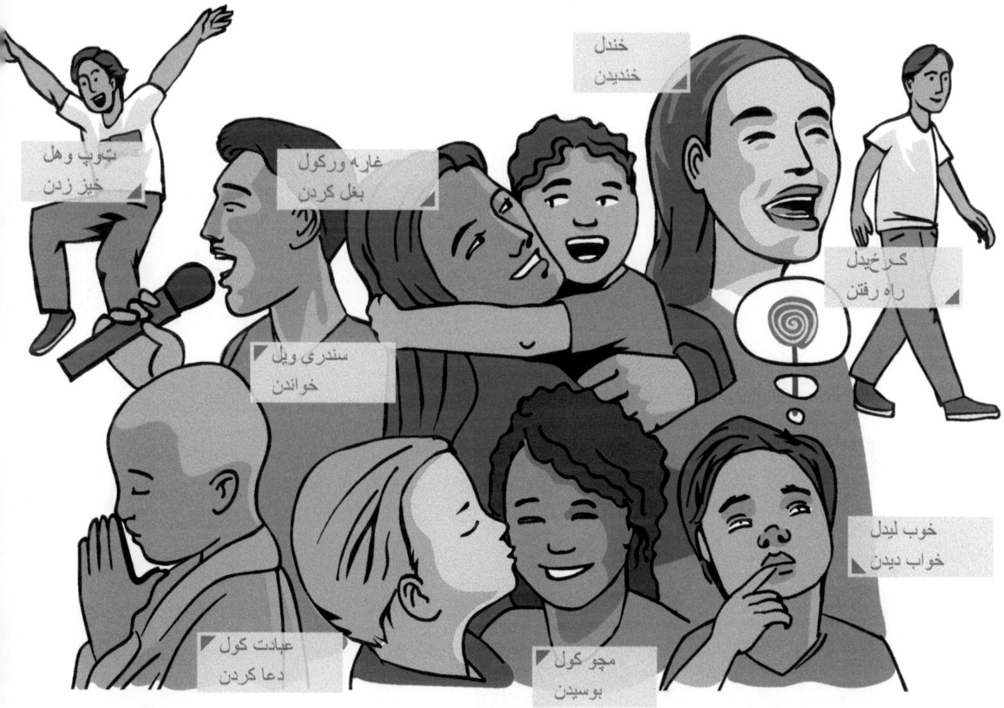

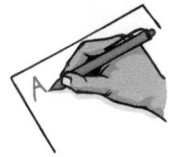

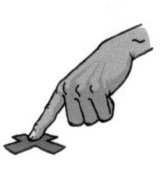

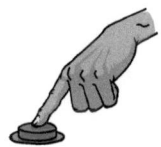

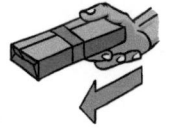

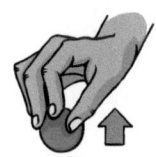

پایيدل

بودن

کول

انجام دادن

درلودل

داشتن

راکښل

کش کردن

منډې وهل

دویدن

ودریدل

ایستادن

څملاستل

دروغ گفتن

لویدل

افتادن

ګوزارل

پرتاب کردن

کښیناستل

نشستن

ورل

حمل کردن

انتظار کول

صبر کردن

پاڅیدل

بیدار شدن

ویده کیدل

خوابیدن

پوښاک اغوستل

لباس پوشیدن

بريد کول

ضربه زدن

ژړل

گریه کردن

کتل

نگاه کردن

پوهيدل

فهمیدن

خبري کول

صحبت کردن

ګمنځ کول

شانه کردن

څښل

نوشیدن

اوريدل

گوش دادن

غوښتل

پرسیدن

مينه کول

عشق ورزیدن

پاکول

مرتب کردن

خوړل

خوردن

الوتل

پرواز کردن

موټر چلول

راننده گی کردن

پخلی کول

پختن

لوستل

خواندن

حساب

حساب کردن

بیړی چلول

روی آب حرکت کردن

واده کول

ازدواج کردن

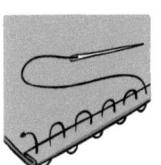

کار کول

کار کردن

زده کول

یاد گرفتن

وژل

کشتن

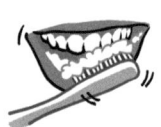

د غاښونو برس کول

برس کردن دندان ها

ګنډل

دوختن

لیږل

فرستادن

سګرټ څښل

سگریت کشیدن

فامیل

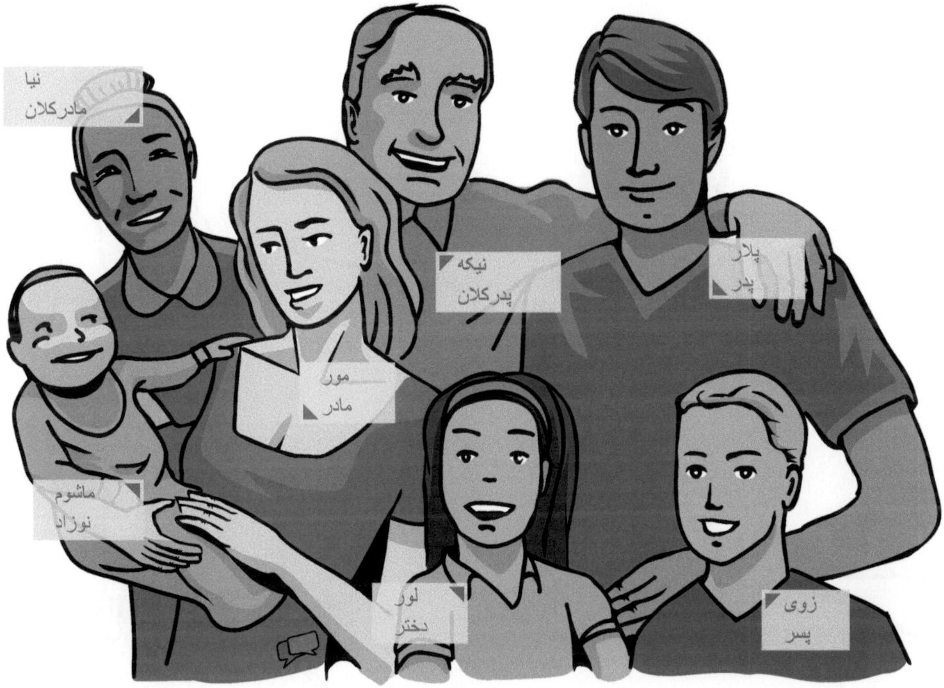
نیا
مادرکلان
نیکه
پدرکلان
پلار
پدر
مور
مادر
ماشوم
نوزاد
لور
دختر
زوی
پسر

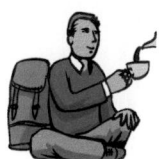

کاکا/ماما
....
ماما/کاکا

ترور
....
عمه / خاله

میلمه
....
مهمان

خور
....
خواهر

ورور
....
برادر

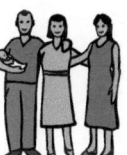

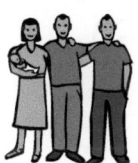

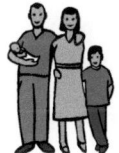

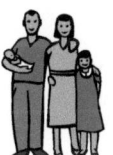

بدن

بدن

تندی
پیشانی
سترګي
چشم
اوږه
شانه
ګوته
انگشت
مخ
روی
زنه
زنخ
لاس
دست
سینه
سینه
پښه
پا
مټ
بازو

ښځه

زن

سړی

مرد

ماشوم

نوزاد

سر

سر

هلک

پسر

انجلۍ

دختر

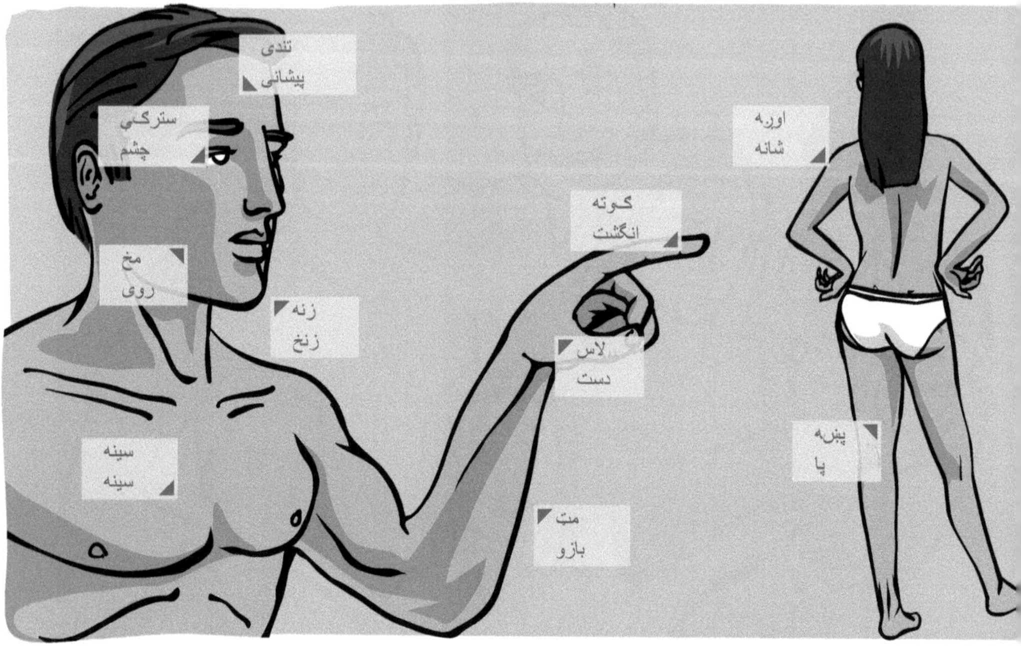

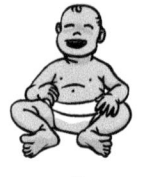

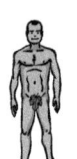

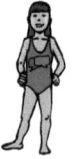

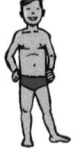

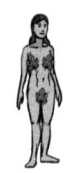

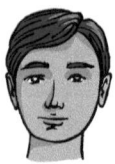

نوم
....
ناف

خېټه
....
شکم

شا
....
کمر

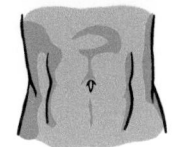

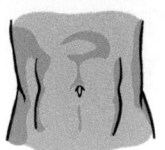

هډوکی
....
استخوان

پونده
....
کوری پای

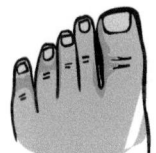

د پښې ګوته
....
انگشت پا

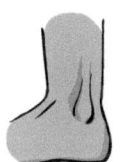

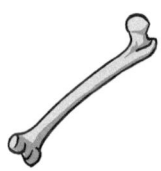

څنګل
....
آرنج

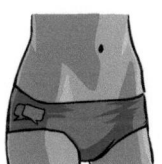

زنګون
....
زانو

کوناټی
....
کمر

پوټکی
....
پوست

لاندې برخه
....
سرین

پوزه
....
بینی

شونډه
....
لب

غوږ
....
گوش

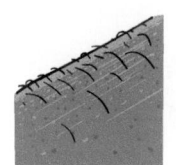

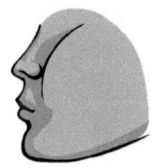

غومبوری
....
کومه

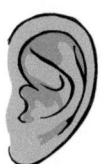

ژبه

زبان

غاښ

دندان

خوله

دهان

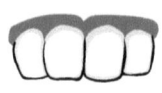

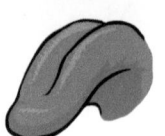

عضله

عضله

زړه

قلب

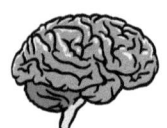

مغز

مغز

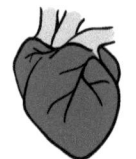

معده

معده

ځیګر

جگر

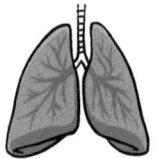

سږی

شش

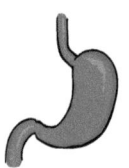

کانډوم

کاندوم

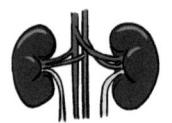

جنسي نږدې والی

رابطه جنسی

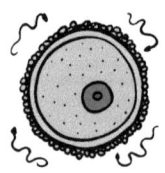

پښتورګي

گرده

حمل

حاملگی

مني

آب منی

تخمه

تخمه

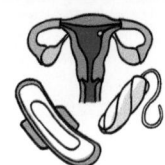

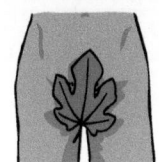

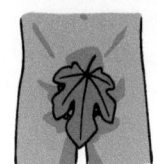

د نارینه تناسلي آله

آلت تناسلی مرد

مهبل

مجرای تناسلی زن

حیض

قاعده گی

غاړه

گردن

ویښته

مو

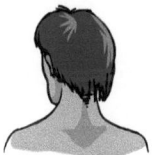

وروځې

ابرو

روغتون

شفاخانه

امبولانس
آمبولانس
ویل چیر
چوکی چرخدار
کسر
شکستگی

رنځورپال

....

نرس

عاجل خونه

....

اطاق عاجل

ډاکټر

....

داکتر

درد

....

درد

بې هوش

....

بیهوش

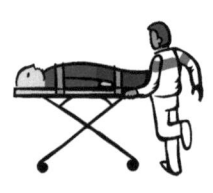

عاجل

....

عاجل

ټپ

جراحت

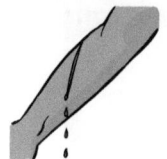

وينه تويدل

خونريزی

د زړه حمله

حمله قلبی

ضرب

سکته مغزی

حساسيت

حساسيت

ټوخی

سرفه

تبه

تب

انفلوينزا

انفلوانزا

نس ناستی

اسهال

سر درد

سردرد

سرطان

سرطان

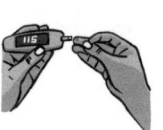

شکر

شکر

جراح

جراح

سکالپل

چاقوی جراحی

عمليات

عمليات

  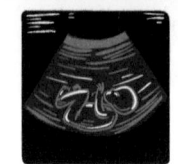

| سی‌ټي | ایکس ری | الټراساوند |
| سی تی | ایکسری | سونوگرافی |

| د مخ ماسک | ناروغي | انتظار خونه |
| ماسک روی | مریضی | اطاق انتظار |

 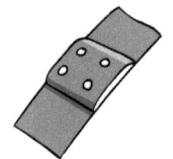 

| امساﺀ | پلستر | بنداژ |
| عصا | گچ | پانسمان |

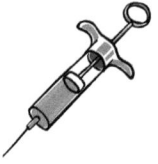 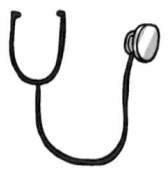 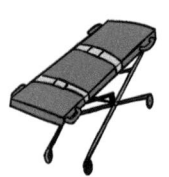

| تزریق | ستاتسکوپ | تسکیره |
| تزریق | استاتسکوپ | تذکره |

| کلینکي ترمامیتر | زیږون | زیات وزن |
| ترمامیتر کلینیکی | تولد | اضافه وزن |

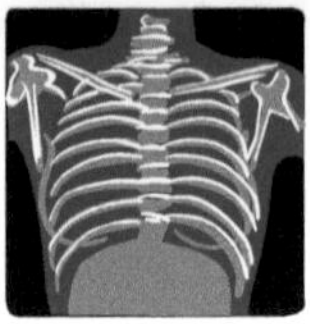

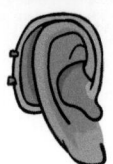

عفونیت

عفونت

د عفونیت ځخه پاکونکي مواد

ضدعفونی کننده

د اوریدو مرسته

سمعک

درمل

ادویه

ایچ.آی.وي/ایډز

اچ آی وی / ایدز

ویروس

وایروس

ګولۍ

تابلیت

ټابلیټس

تابلیت ها

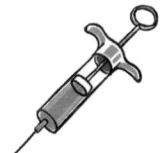

واکسین

واکسیناسیون

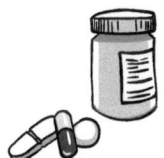

ناروغ/روغ

بیمار / سالم

د ویني د فشار څارونکی

مانیتور فشار خون

عاجل تلیفون

تماس اضطراری

عاجل

عاجل

یرغل

تجاوز

الارم

زنگ هشدار

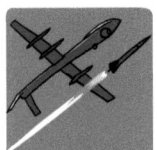

مرسته!

کمک!

عاجل لاره

خروج اضطراری

خطر

خطر

برید

حمله

پېښه

حادثه

د اور وژونکی

آله ضد حریق

اور!

آتش!

پولیس

پولیس

ایس.او.ایس

پیام اضطراری

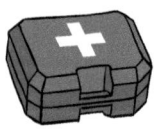

د لومړۍ مرستې لوازم

بکسه کمک های اولیه

زمین

سهیلي امریکا
....
امریکای جنوبی

شمالي امریکا
....
امریکای شمالی

اروپا
....
اروپا

آسټریلیا
....
استرالیا

آسیا
....
آسیا

افریقا
....
آفریقا

د هند بحر
....
اقیانوس هند

پاسیفیک
....
اقیانوس آرام

اتلانتیک
....
اقیانوس اطلس

شمالي قطب
....
قطب شمال

د شمال قطب بحر
....
اقیانوس منجمد شمالی

جنوبي منجمد بحر
....
اقیانوس منجمد جنوبی

ځمکه
....
زمین

انټارکټیکا
....
قاره قطب جنوب

سهیلي قطب
....
قطب جنوب

ټاپو
....
جزیره

بحر
....
دریا

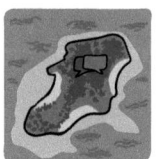

ځمکه
....
خشکی

دولت
....
کشور

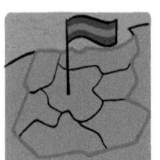

ملت
....
ملت

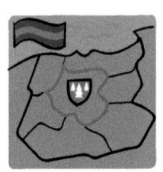

ساعت

ساعت

د دقيقي ستنه

عقربه دقيقه شمار

د ساعت ستنه

عقربه ساعت شمار

د مخي ساعت

روی ساعت

ورځ

روز

څه وخت دی؟

ساعت چند است؟

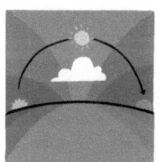

د ثانيې ستنه

عقربه ثانيه شمار

ډيجيټل ساعت

ساعت دستی ديجيتل

اوس

اکنون

وخت

زمان

ساعت

ساعت

دقيقه

دقيقه

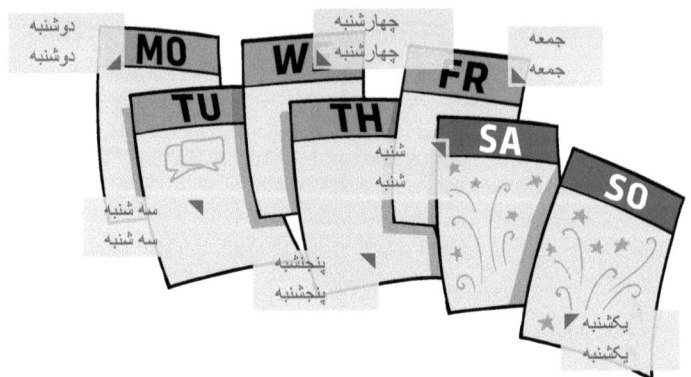

اونۍ

هفته

دوشنبه
دوشنبه
سه شنبه
سه شنبه
چهارشنبه
چهارشنبه
پنجشنبه
پنجشنبه
جمعه
جمعه
شنبه
شنبه
یکشنبه
یکشنبه

سبا

فردا

نن

امروز

پرون

دیروز

مابښام

غروب

غرمه

ظهر

سهار

صبح

کاري ورځې

روزهای کاری

د اونۍ پای

آخر هفته

کال

سال

باران
باران
رنګین کمان
رنگین کمان
باد
شمال
واوره
برف
پسرلی
بهار
اوړی
تابستان
منی
خزان
ژمی
زمستان

د لمر وړانګې

آفتاب

ترمومیټر

ترمامیتر

4.APRIL 11°
5.APRIL 4°
6.APRIL 13°
7.APRIL 8°
8.APRIL 10°

د موسم وړاندوینه

پیش بینی آب و هوا

رطوبت

رطوبت

لړه

غبار

وریځ

ابر

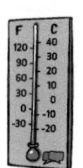

رڼا
....
رعد و برق

تندر
....
الماسک

توفان
....
طوفان

ږلۍ وریدل
....
ژاله

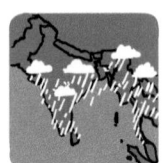

مون سون باران
....
موسم بارندگی

سیلاب
....
سیل

یخ
....
یخ

جنوري
....
جنوری

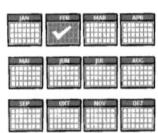

فبروري
....
فبروری

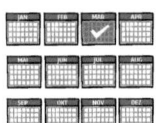

مارچ
....
مارچ

اپریل
....
اپریل

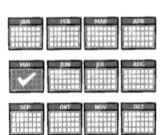

مي
....
می

جون
....
جون

جولای
....
جولای

اګست
....
اگست

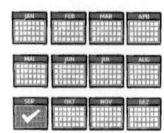

سپتمبر
....
سپتمبر

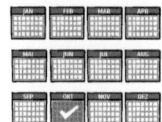

اکتوبر
....
اکتوبر

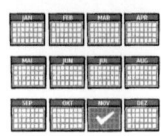

نومبر
....
نومبر

دسمبر
....
دسمبر

شکلونه
شکل ها

دایره
....
دایره

مربع
....
مربع

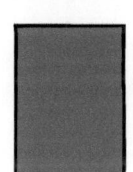

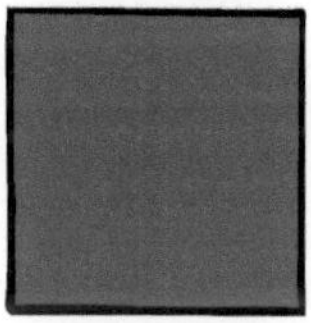

مستطیل
....
مستطیل

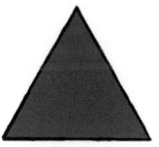

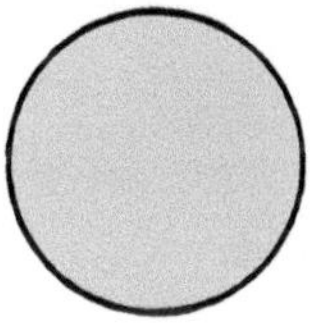

مثلث
....
مثلث

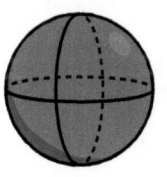

توپ
....
کره

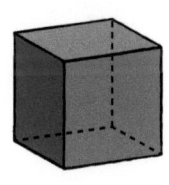

فال
....
مکعب

رنګونه

رنګ ها

نارنجي

نارنجی

ژیر

زرد

سپین

سفید

ارغواني

بنفش

سور

سرخ

ګلابي

گلابی

نسواري

نصواری/قهوه یی

شین

سبز

نیلي

آبی

تور

سیاه

خړ

خاکستری

متضاد ها

ښکلی/بدشکله

مقبول / بدرنگ

قار/ارام

عصبانی / آرام

خورا ډیر/خورا لږ

زیاد / کم

روښانه/تیاره

روشن / تیره

لوی/کوچنی

بزرگ / کوچک

پیل/پای

آغاز / پایان

مکمل/نامکمل

کامل / ناقص

پاک/ککړ

پاک / کثیف

ورور/خور

برادر / خواهر

پراخه/نری

عریض / باریک

مړ/ژوندی

مرده / زنده

ورځ/شپه

روز / شب

پاریدلی/بي خونده

....

هیجان زده / کسل

بد/مهربان

....

عصبانی / دوستانه

د خوراک وړ/نه خوړل کیدونکی

....

خوراکی / غیر خوراکی

ملګری/دښمن

....

دوست / دشمن

لومړی/وروستی

....

اول / آخر

چاق/وچ

....

چاق / لاغر

دروند/سپک

....

سنگین / سبک

سخت/نرم

....

سخت / نرم

ډک/تش

....

پر / خالی

غیرقانوني/قانوني

....

غیر قانونی / قانونی

ناروغ/روغ

....

بیمار / سالم

لوږه/تنده

....

گرسنگی / تشنگی

نږدې/لرې

....

نزدیک / دور

کیڼ/ښي

....

چپ / راست

هوښیار/ساده

....

باهوش / احمق

بدا/ځوان

....

پیر / جوان

هیڅ/یوڅه

....

هیچ چیز / چیزی

نوی/زوړ

....

نو / کهنه

غلی/لوړ غږ

....

بی صدا / پر سر و صدا

خلاصه/تړلی

....

باز / بسته

چالان/بند

....

روشن / خاموش

زیږ/ملایم

....

ناهموار/ هموار

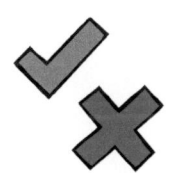

صحیح/غلط

....

صحیح / غلط

بدایه/غریب

....

ثروتمند / فقیر

سست/ګړندی

....

آهسته / سریع

لنډ/اوږد

....

کوتاه / بلند

خفه/خوښ

....

غمگین / خوشحال

جګړه/سوله

....

جنگ / صلح

ګرم/یخ

....

گرم / سرد

لوند/وچ

....

تر / خشک

شمیرې

اعداد

0	صفر	صفر
1	یو	یک
2	دوه	دو
3	درې	سه
4	څلور	چهار
5	پنځه	پنج
6	شپږ	شش
7	اوه	هفت
8	اته	هشت
9	نهه	نه
10	لس	ده
11	یولس	یازده

12
دولس
....
دوازده

13
دیارلس
....
سیزده

14
څوارلس
....
چهارده

15
پنځلس
....
پانزده

16
شپارس
....
شانزده

17
وولس
....
هفده

18
اتلس
....
هجده

19
نولس
....
نوزده

20
شل
....
بیست

100
سل
....
صد

1.000
زر
....
هزار

1.000.000
ميليون
....
ميليون

زبان ها

چینایی مندرین - چینی ماندارین

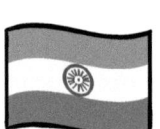

امریکایی انګلسي - انگلیسی امریکایی

انګلسي - انگلیسی

فرانسوي - فرانسوی

هسپانوي - اسپانیایی

هندي - هندی

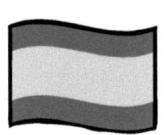

پرتګالي - پرتغالی

روسي - روسی

عربي - عربی

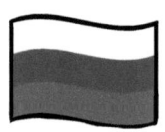

جاپاني - جاپانی

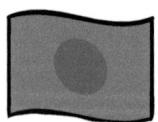

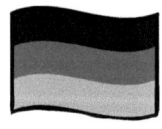

آلماني - آلمانی

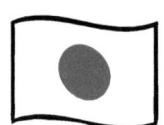

بنګالي - بنگالی

څوک/څه/څنګه
کی/چی/چطور

هغه/دغه/دا

او / او / آن

ته

شما

زه

من

دوی/هغوی

آن ها

تاسي

شما

موږ

ما

څنګه؟

چطور؟

څه؟

چی؟

څوک؟

کی؟

نوم

اسم

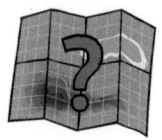

کله؟

چه وقت؟

چیرې؟

کجا؟

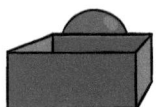

چیرې

کجا

په مخه کې
پیش روی

په
در

شاته
عقب

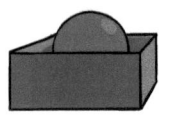

لاندې
زیر

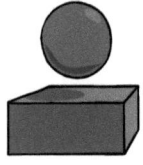

په
روی

باندې
بالا

ځای
محل

ترمینځ
میان

برسیره پر
پهلو

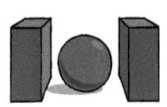